Dans la même collection

Le plaisir des mots
Le livre de tous les pays
Le livre de la Bible
(Ancien et Nouveau Testament)
Le livre de la mythologie grecque
et romaine
Le livre des religions
Le livre des sports

1 Le livre des fleurs
2 Le livre de la tour Eiffel
3 Le livre de la peinture et des peintres
4 Le livre des découvertes et
des inventions
5 Le livre de l'hiver
6 Le livre de l'automne
7 Le livre du printemps
8 Le livre de l'été
9 Le livre des marins
10 Le livre de mon chat
11 Le livre de la montagne
12 Le livre du ciel
13 Le livre de tous mes amis
14 Le livre de tous les jours
15 Le livre du cheval
16 Le livre des chansons de France
17 Le livre de Paris
(1/Naissance d'une capitale)
18 Le livre des premiers hommes
19 Le livre des costumes
(La mode à travers les siècles)
20 Le livre des maisons du monde
21 Le livre des arbres
22 Le livre des oiseaux
23 Le livre des bords de mer
24 Le livre de la langue française
25 Le livre de l'histoire de France
26 Le livre de tous les Français
27 Le livre des trains
29 Deuxième livre des chansons
de France (de France et d'ailleurs)
30 Le livre du fleuve
32 Le livre du corps
34 De bouche à oreille
(Le livre des images de la langue
française)
35 Troisième livre des chansons
de France
36 Le livre des costumes
(Les uniformes militaires)
37 Le livre des grands voiliers
38 Le livre des fous volants
(Histoire de l'aviation/1)
39 Le livre de la forêt
40 Le livre des champignons
41 Le livre des conquérants
(Découverte du monde/1)
42 Le livre du livre
43 Le livre du désert
45 Le livre des conquérants de l'espace
(Histoire de l'aviation/4)
47 Le livre des amphibiens et
des reptiles
48 Le livre des as et des héros
(Histoire de l'aviation/2)
49 Le livre du chien
50 Le livre des navigateurs
(Découverte du monde/2)
51 Le livre du café
52 Le livre des instruments de musique
53 Le livre des costumes
(Les costumes traditionnels)
54 Le livre des pilotes de l'enfer
(Histoire de l'aviation/3)
55 Le livre des mammifères marins
57 Le livre des explorateurs
(Découverte du monde/3)
58 Le livre des animaux domestiques
59 Le livre de Paris
(2/Chroniques parisiennes)
60 Le livre des insectes
62 Le livre de la préhistoire
(2/L'âge de la pierre polie)
65 Le livre de l'aventure humaine
66 Le livre des marchands
(Découverte du monde/4)
67 Le livre de la ville
69 Le livre des fêtes
70 Le climat de notre planète
71 L'eau de notre planète
72 Les forêts de notre planète
73 Les déchets sur notre planète

Titre original : *Das Buch vom Müll*

ISBN original 3-473-38582-4

ISBN 2-07-056869-5
Loi n° 49-956 du 16 juillet 1949 sur les publications destinées à la jeunesse
Dépôt légal : mars 1994
N° d'édition : 58562
Imprimé par la Editoriale Libraria en Italie

LIVRES DE L'ENVIRONNEMENT /4

LES DÉCHETS SUR NOTRE PLANÈTE

COLLECTION DECOUVERTE CADET

Barbara Veit et Christine Wolfrum

Traduction : Jean-Pierre Verdet
Conseiller : Thierry Caquet

Illustrations : Susanne Bräunig,
Michael Keller et Harald Vorbrugg

GALLIMARD

Considère maintenant les périls d'une autre sorte
auxquels on est exposé la nuit,
le vaste espace qui sépare du sol
les toits juchés en l'air
d'où un tesson vient vous frapper le crâne,
combien de fois des vases fêlés et ébréchés
tombent des fenêtres et de quelle trace profonde
ils marquent et entament le pavé.
C'est s'exposer au reproche de négligence
et ne pas prévoir les accidents subits,
que de s'en aller souper sans avoir fait son testament.
Tant il est vrai que le passant a autant
de chances de mort qu'il rencontre la nuit
de fenêtres ouvertes où l'on ne dort pas.
Ne souhaitez qu'une chose,
et puisse ce vœu modeste s'accomplir pour vous,
c'est qu'on se contente de vous inonder
du contenu de larges bassins.

Juvenal, *Satires*

Ce livre appartient à
. . . .

Ne rien jeter

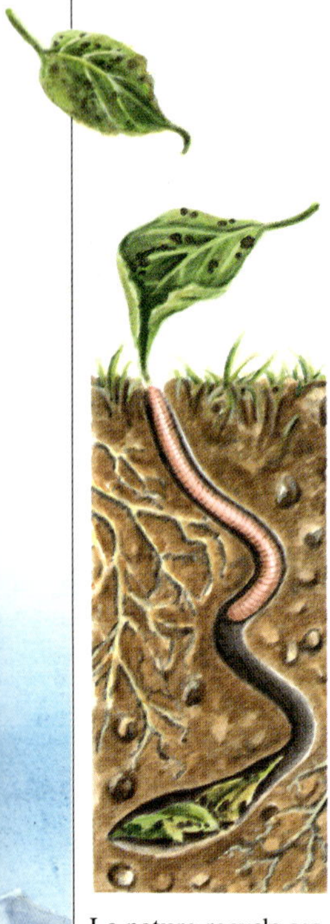

La nature recycle ses déchets. Ainsi, sous l'action de micro-organismes, les feuilles perdues par l'arbre fermentent et deviennent un aliment (le compost) pour de nouvelles plantes.

Imagine que tu aies envie de chocolat. La tablette est emballée dans du papier et dans une mince feuille d'aluminium. Quand tu as fini de manger, tu froisses l'ensemble de l'emballage et tu jettes la boulette à la poubelle : tu soulèves le couvercle et, hop ! disparue…

Mais disparue pour toi seulement, car nous ne nous débarrassons définitivement de rien. Tout ce qui, à un moment quelconque, a été produit sur Terre y reste. Les choses ne font que prendre une autre forme.

Revenons à l'emballage du chocolat. De la poubelle, il ira dans une benne, puis dans un wagon, pour finir dans une décharge ou dans un incinérateur. Un vaste dépotoir sur lequel se retrouve la

boulette de l'emballage. Le papier va se détruire lentement, se désagréger et reprendre sa place dans le cycle naturel, car sa matière première est le bois. Le papier ne disparaît donc pas, mais ses éléments constitutifs retournent à la nature dont ils sont issus.

En revanche, la feuille d'aluminium subsiste telle quelle et, en brûlant, elle produira de la fumée, du gaz et des cendres. La fumée et le gaz monteront dans l'atmosphère et les cendres se mêleront à la terre et deviendront une partie du sol.

Le cheminement de l'emballage du chocolat est un exemple qui montre que rien ne disparaît totalement. Nous sommes confrontés au problème de nos

Les animaux sont propres. Dès leur jeune âge, les oiseaux font leurs excréments hors du nid.

Les animaux laissent des déchets : leurs excréments qui se transforment en engrais sous l'action de bactéries.
C'est seulement s'il y a surpopulation d'animaux que les excréments deviennent un problème pour l'environnement.

déchets, et il n'y a pas de miracle à attendre. Chacun doit le comprendre : il se forme des montagnes de déchets, dont la quantité risque de nous submerger un jour.

Dans les pays industrialisés, chaque personne produit de 250 à 750 kg de déchets par an, auxquels s'ajoutent les résidus volumineux des usines. Il y a aujourd'hui 5 milliards d'hommes sur la Terre qui laissent derrière eux d'inimaginables amas de détritus. Des matières précieuses deviennent de vulgaires résidus non réutilisables et, ce qui est plus grave, les déchets renferment parfois des substances toxiques qui menacent notre environnement. Même lorsque nous croyons ne polluer que l'atmosphère, nous polluons aussi la Terre.

Certains ont même eu l'idée d'expédier nos ordures dans l'espace…

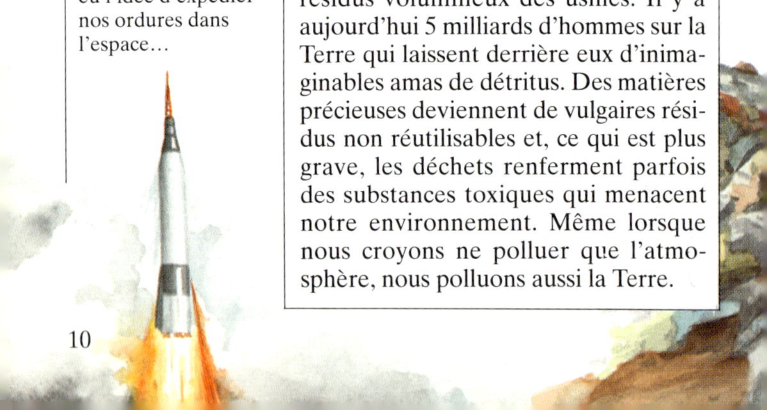

Partout dans le monde, il y a eu, et il y a toujours, des hommes qui vivent des déchets, fouillant et triant les ordures. Ils appartiennent aux couches les plus pauvres de la population, et pourtant leur travail est indispensable. Ainsi, bien des enfants du tiers-monde calment leur faim avec la nourriture que d'autres gaspillent.

Les déchets font partie de notre vie et préoccupent les hommes depuis toujours. Mais aujourd'hui, nous devons traiter le problème à une plus grande échelle.

Toujours plus d'ordures

Les hommes de l'âge de la pierre vivaient dans des cités lacustres. Ils jetaient leurs ordures dans les eaux. Ils furent les premiers à polluer leur environnement.

Les temps préhistoriques

Même du temps où nos ancêtres vivaient dans les cavernes, les ordures existaient déjà. Certes, les hommes ne connaissaient ni les emballages, ni les plastiques, ni la chimie, mais ils produisaient des déchets.

Un animal, par exemple, n'est pas mangé totalement, il reste au moins les os ; et un outil, devenu inutile, se transforme en déchet, ainsi qu'une lance brisée ou toute autre arme.

Cependant, les hommes ayant le goût de l'ordre, ils rangeaient les ordures en tas, et, des milliers d'années plus tard, on a retrouvé dans des fouilles d'anciens emplacements d'ordures.

En Europe du Nord, les archéologues ont trouvé des dépôts préhistoriques de coquilles, qui peuvent atteindre 320 m de long, 65 m de large et 8 m de haut. Ils ont été constitués entre 5000 et 2000 av. J.-C., donc au néolithique.

Les premières grandes cités

Tant que nos ancêtres vivaient en petits groupes, les problèmes liés à leurs déchets étaient limités. Ils souillaient légèrement un endroit puis le quittaient pour un autre. Un changement survint lorsque les hommes se sédentarisèrent.

Les premières cités furent édifiées au Proche-Orient, vers 7000 av. J.-C. Babylone, entourée de murailles, était deux fois plus étendue que ne l'est Londres aujourd'hui. Faire le tour de Ninive, une ville au bord du Tigre, demandait trois jours de marche ; l'installation de fontaines y avait donc été indispensable, et d'autres villes étaient encore plus grandes. Ce sont aussi les Babyloniens et les Assyriens qui construisirent les premières adductions et évacuations d'eau. Dans les maisons riches, il y avait des toilettes, dont les odeurs devaient se répandre dans tout le quartier. Pendant des millénaires, l'élimination des excréments humains resta l'un des principaux problèmes des grandes cités.

Les premières grandes cités
1 - Olbie **2** - Utique
3 - Carthage **4** - Rome
5 - Paestum **6** - Syracuse
7 - Thèbes **8** - Athènes
9 - Sparte **10** - Cyrène
11 - Byzance **12** - Milet
13 - Alexandrie **14** - Jéricho
15 - Babylone

Les murailles de Babylone mesuraient 25 m de haut.

Les ordures des anciens Grecs

Les canalisations d'Alexandrie existent encore aujourd'hui. Les anciennes murailles sont toutefois fragiles. Il arrive qu'elles s'effondrent par endroits, provoquant des victimes.

W.-C. publics de la Grèce ancienne

Dans la Grèce antique, les grandes villes étaient également nombreuses, telle Athènes, où vivaient 250 000 personnes, ou Alexandrie, avec 550 000 habitants. Sans alimentation en eau potable et sans évacuation des eaux usées et des ordures, de si grandes villes auraient été perpétuellement menacées de catastrophes. Les Grecs avaient donc mis en place des toilettes publiques, le tout-à-l'égout et des règles d'évacuation des ordures ménagères.

À Athènes, une partie des eaux des toilettes et des bains étaient évacuées hors de la ville par des canaux à ciel ouvert ou souterrains après avoir été déversées à même la rue, car les maisons n'étaient pas reliées aux canalisations. Les ruisseaux naturels servaient également à cette évacuation.

Pourtant, Athènes s'était dotée d'un service d'entrepreneurs qui emportaient les ordures à plus de deux kilomètres de la ville. Jusqu'au VIe siècle,

les Athéniens pouvaient encore boire dans le fleuve Éridan, mais, plus tard, ce fleuve fut totalement souillé.

En 380 av. J.- C., Thèbes était la ville la plus propre grâce aux idées de son gouverneur, Épaminondas, qui agença le tout-à-l'égout, le nettoyage des rues et l'enlèvement des ordures. Plus tard, il en devint le général le plus célèbre.

Dans les villes de l'Antiquité, les problèmes étaient différents de ceux d'aujourd'hui car les ordures étaient avant tout des restes alimentaires, des vieux vêtements et des débris de poteries qui présentaient peu de risques pour l'environnement. Seuls les excréments, source de maladies infectieuses et d'épidémies, étaient vraiment une menace.

Épaminondas
(v. 418-362 av. J.-C.)

Héraclès est le patron des exploitants d'ordures d'Athènes. La légende veut qu'il ait nettoyé les écuries d'Augias en un jour. Il détourna les fleuves Alphée et Pénée qui, traversant les écuries, charrièrent les ordures jusqu'à la mer.

La ville d'Athènes est très sèche, dépourvue d'eau, mal tracée à cause de son ancienneté.
Un étranger la découvrant subitement mettrait en doute que ce fût là vraiment ce qu'on appelle la cité des Athéniens.

Pseudo-Dicéarque

Fastes et déchets de la Rome antique

Les aqueducs étaient des ponts de pierre qui amenaient l'eau potable aux agglomérations.

Insula (immeuble de rapport)

Au sommet de sa puissance, c'est-à-dire vers le début de notre ère, Rome, avec ses temples, ses villas et ses édifices publics, était une ville magnifique. Les ingénieurs romains avaient perfectionné la technique des Assyriens et des Mésopotamiens et construit un ingénieux système d'adduction d'eau. Un réseau souterrain évacuait les eaux usées hors de la ville (*cloaca maxima*, le grand égout). Mais seuls les riches jouissaient de ces progrès.

Rome était une ville gigantesque : bien que la population ne pût jamais être vraiment recensée, les estimations oscillent entre 260 000 et 4 millions d'habitants. 1 700 grandes villas patriciennes, abritant 50 000 personnes environ, jouissaient des commodités de

Pour moi, au rang des trois plus magnifiques œuvres romaines (...), je place les aqueducs, les voies et les égouts, non pas seulement en raison de leur utilité, mais en raison des dépenses qu'elles ont entraînées.

Denys d'Halicarnasse

Villa romaine

l'époque : salles de bains, toilettes et fontaines. Les autres habitants – plusieurs centaines de milliers – vivaient dans de grands bâtiments *(insulae)* ayant jusqu'à dix étages. Les appartements étaient petits, il n'y avait ni eau, ni toilettes, ni bains, et leurs habitants jetaient les ordures par les fenêtres. Jusqu'à 80 000 personnes au km^2 vivaient là (on compte à Paris aujourd'hui 20 000 hab. au km^2). Les habitants pauvres de Rome souffraient d'épidémies et leurs immeubles étaient souvent la proie des flammes, mais ils pouvaient tout de même se laver aux bains publics et se ravitailler en eau potable aux fontaines. Il y avait, en outre, des fosses à ordures collectives qui étaient installées aux abords de la ville. On devait y jeter non seulement les ordures, mais aussi les cadavres et les animaux tués lors de sacrifices ou donnés en offrande au

Partout, dans Rome, les gens étaient invités à jeter leurs urines dans des bacs. Le contenu de ces bacs était récupéré par des entrepreneurs : on détachait les étoffes à l'urine. (Peinture de Pompéi, 70 ans apr. J.- C.)

L'arrivée de la *cloaca maxima* dans le Tibre. Les bords de la rivière étaient habités par de pauvres Romains qui récupéraient certains objets dans les égouts.

Pour l'inauguration du nouveau Colisée, en 80 apr. J.-C., 9 000 animaux furent sacrifiés.

cours des combats de gladiateurs et des jeux du cirque.

Avec le temps se développa à Rome une méthode d'enlèvement des ordures ménagères : les fermiers, qui avaient besoin de fumier, transportaient les immondices et les ordures hors de la ville où ils les utilisaient comme engrais. Les toilettes publiques étaient également exploitées. Vers l'an 300, 144 toilettes publiques étaient disponibles, et le système de canalisations d'égout, la *cloaca maxima,* avait encore été étendu.

Malheureusement, toutes ces installations se dégradèrent avec le déclin de

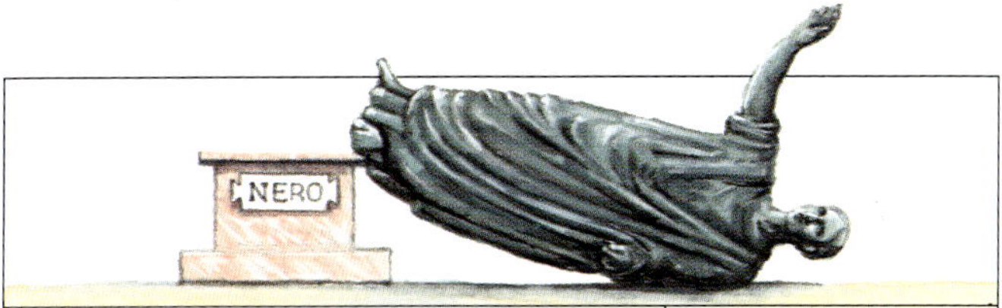

l'Empire romain. Nombre d'aqueducs et d'évacuations d'eau furent détruits lors des combats autour de Rome, même si une partie de ces systèmes subsistait encore au XVe siècle. Les épidémies se développèrent et le nombre d'habitants tomba à 35 000. De plus, au début du XVe siècle, les papes cessèrent peu à peu d'entretenir les canalisations et même, parfois, les firent détruire.

À Rome, on récupérait déjà les métaux. Ainsi, les statues des hommes politiques en disgrâce étaient refondues.

Les Wisigoths d'Alaric mirent Rome à sac en 410.

Les villes médiévales

Pour déambuler dans les rues, où la boue pouvait atteindre la cheville, beaucoup de gens portaient des sabots à hautes semelles.

Le fils de Louis le Gros se serait rompu le cou lors d'une chute de cheval, en 1131. Sa monture aurait été effrayée par un cochon. À partir de cette date, les porcs ont dû porter une clochette pour prévenir les cavaliers de leur présence.

Au début du Moyen Âge, de nouvelles cités s'élevèrent sur les ruines d'anciennes villes romaines comme Trèves, Bordeaux ou Lyon. On construisit de belles maisons entourées de jardins mais aussi, le long des rues, des étables à cochons. Dans les jardins, on transformait les excréments humains et animaux en engrais. Mais les agglomérations se modifièrent peu à peu à la fin du Moyen Âge : les maisons se serrèrent les unes contre les autres car, les temps étant devenus incertains, personne ne voulait habiter hors de l'enceinte des villes. Par manque de place, on dut surélever les immeubles et construire dans les arrière-cours. L'évacuation des ordures devint alors plus difficile. De plus, la disparition des jardins rendit impossible la reconversion des ordures en engrais, tandis que tous ceux qui le purent élevèrent des animaux. Les cochons étaient particulièrement appréciés parce qu'ils se nourrissaient des déchets et, lâchés dans les rues, ils remplaçaient efficacement un service de nettoyage. Cependant, il y en eut bientôt trop et les pouvoirs publics durent limiter leur déambulation. De nombreuses villes durent faire face à ce problème, dont Paris. À Ulm, en Allemagne, une loi n'autorisa la sortie des porcs qu'entre onze heures et midi.

Parmi les déchets domestiques, il y avait les contenus des vases de nuit pro-

Les rues doivent être débarrassées de leurs ordures sous trois jours.

Ordonnance de la ville de Munich, 1370

jetés par les fenêtres. De toute façon, les canalisations des latrines tombaient la plupart du temps directement dans la rue. Là se mélangeaient en un bourbier fétide les excréments, les déchets de cuisine et les détritus des rues. Sous leur maison, les gens avaient plusieurs fosses, qu'il fallait vider périodiquement. Si ce n'était pas fait en temps

utile, il pouvait arriver ceci : au château de l'empereur Frédéric Ier, le débordement d'une fosse avait détérioré le parquet de la salle de réception. Des invités tombèrent dans la fosse d'aisance : princes, comtes et chevaliers se retrouvèrent en piteux état. Seul l'empereur, qui sauta par la fenêtre, fut indemne.

À Paris, on avait l'habitude de déverser les vases de nuit par les fenêtres après avoir crié trois fois : « Gardez-vous de l'eau ! » Malheur à qui ne faisait pas attention !

Des ordonnances peu efficaces

À Paris, comme peu de gens se souciaient de leurs ordures, des décrets furent édictés qui interdisaient, par exemple, de vider les vases de nuit dans les rues. Toutefois, en 1780 encore, les habitants refusaient de respecter cette loi. La réglementation pour les nettoyeurs des rues montre bien quelle était la situation de l'époque : les nettoyeurs de fosses devaient utiliser des tonneaux étanches et ne pas déverser leur contenu dans les puits ou dans la Seine. Ils étaient tenus d'aller directement à la fosse collective sans s'arrêter en chemin dans un débit de boisson car, si un vidangeur avait trop bu, il risquait de renverser son tonneau dans le caniveau. Que les immondices des rues s'infiltrent dans le sol et contaminent les fontaines semblait n'inquiéter personne.

Jusqu'au XVIIe s., on construisait des rues assez étroites, dont seul le milieu était pavé. Ce pavage était réservé aux bourgeois et pour cela appelé « passages des bourgeois ».

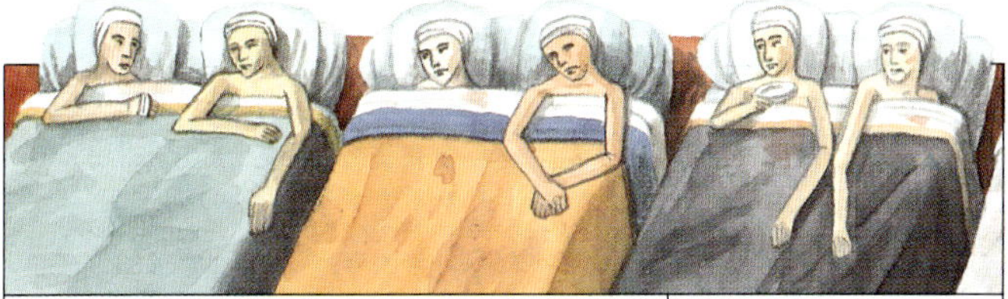

Il n'est donc pas étonnant que des épidémies se soient déclarées fréquemment. En 1349, à Strasbourg, 16 000 personnes moururent de la peste. Seuls les juifs, qui vivaient dans un quartier séparé, le ghetto, furent épargnés, car leurs médecins leur avaient interdit de boire l'eau des fontaines. Ils consommèrent uniquement de l'eau bouillie puisée dans les ruisseaux et le Rhin. Comme les juifs ne mouraient pas, on les accusa d'avoir empoisonné les fontaines, on leur donna la chasse et plusieurs furent massacrés.

Nous avons du mal à imaginer qu'à cette époque, partout et en permanence, de fort mauvaises odeurs flottaient dans l'atmosphère. Le roi lui-même dans son château était poursuivi par les odeurs d'excréments, comme n'importe quel habitant des villes. Fort heureusement, il n'en est plus de même aujourd'hui.

Les solutions des siècles suivants

Il fallait faire quelque chose contre toutes ces nuisances. Ainsi allait-on paver les rues. D'abord à Paris, où cela se fit rapidement, puis à Berlin, beaucoup plus lentement, car les habitants refusaient de participer aux dépenses. Il fallut que le Conseil berlinois prenne les deux tiers des frais à sa charge pour que, entre 1800 et 1820, on entreprît enfin le pavage des rues.

Les sols et les murs des hôpitaux étaient souillés par les déjections des malades. Il n'était pas habituel qu'un lit soit affecté à une seule personne. Jusqu'au milieu du XVIIe siècle, il fallait demander – et payer – un lit individuel.

Le premier enlèvement des ordures

C'est au début du XIVe siècle qu'on inventa la boîte à ordures publique. Les paysans venaient régulièrement en ville pour en charger leur chariot.

Cette astucieuse idée venait des édiles de Lyon : à chaque étage des maisons étaient installées des boîtes à ordures, dont les paysans des environs étaient invités à profiter pour reconvertir les déchets en engrais. De nombreuses autres villes mirent en œuvre ce mode d'enlèvement des ordures.

Paysan transportant les ordures hors de la ville

À Paris, au XVIIe siècle, les chiffonniers parcouraient les rues, allant de maison en maison. Ils furent les premiers recycleurs. À leur intention, les habitants mettaient sur le pas de leur porte les objets réutilisables. En 1895, chaque habitant de Paris produisait environ 190 kg de déchets par an, il en produit plus de 400 aujourd'hui.

En Allemagne, au XIXe siècle, fut instauré l'usage de déposer les ordures dans des fosses d'immeubles qui devinrent rapidement des foyers à rats. Vers

Les premières barques de transport d'ordures sont apparues en 1696 à Aberdeen (Écosse).

la fin de ce siècle, dans la plupart des villes européennes, on organisa des services d'enlèvement d'ordures plus ou moins réguliers. Mais les bennes à ordures restaient souvent ouvertes et, durant le transport, une partie du chargement ruisselait sur le sol. Déjà à cette époque, le choix des emplacements des dépôts était délicat, chaque commune voulant échapper à ce cadeau empoisonné. C'est pour cette raison qu'en 1873, à Manchester, le premier incinérateur a été mis en service, puis à Hambourg, vingt ans après. Chaque ville avait sa propre méthode d'élimination des ordures, mais le problème n'en était pas pour autant résolu.

La balayeuse de rues fut inventée en 1847, en Angleterre.

Un ancêtre des écologistes récupère dans les ordures ce qui peut servir.

Les répercussions de l'industrialisation

J'erre par toutes
les rues de la cité
Près du lieu familier
où coule la Tamise
Et discerne sur chaque
visage aperçu
Les signes de la faiblesse,
les signes du malheur.

Dans l'appel de chaque
homme,
Dans chaque cri
de terreur enfantine,
Dans chaque voix,
chaque anathème,
J'entends grincer
les chaînes forgées
par notre esprit.

C'est le cri du ramoneur
Consternant les églises
assombries ;
Ou le soupir
de l'infortuné soldat
Faisant ruisseler le sang
sur les murs du palais.

William Blake

L'ère industrielle commence en Angleterre, en 1765, avec l'invention de la machine à vapeur par James Watt. Auparavant, des biens tels que chaussures, étoffes ou récipients étaient fabriqués à la main. Et voilà que, soudain, tout cela est bouleversé : on utilise la machine à vapeur non seulement dans les industries métallurgique et textile, mais aussi dans les imprimeries et les transports. Les usines se multiplient rapidement, souvent le long des cours d'eau, pour y rejeter leurs déchets. En quelques années, ces cours d'eau où l'on attrapait des truites et des saumons se transformèrent en un bouillon empoisonné. Les enfants jouaient à enflammer les grosses bulles de gaz qui y flottaient, et obtenaient souvent des flammes de plusieurs mètres de haut.

L'industrie ne demandant pas d'artisans qualifiés, ces derniers se retrouvèrent sans travail. Pour manipuler les machines, on utilisait de pauvres gens et des enfants. De plus en plus de paysans affluèrent vers les villes : l'exode rural commençait. En peu de temps, les deux tiers de la population anglaise travaillaient dans les usines. Les villes furent vite surpeuplées et par conséquent saturées de déchets.

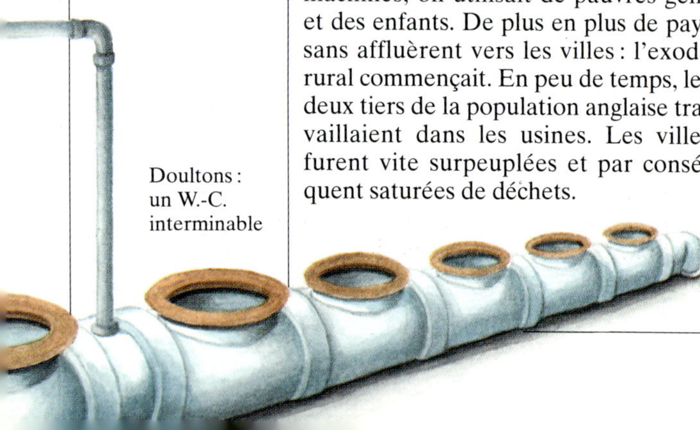

Doultons : un W.-C. interminable

Lamineurs noirs bâtis pour un œuvre éternel
Qui s'étend de siècle en siècle toujours plus vaste,
Sur des villes d'effroi, de misère et de faste,
Je vous sens en mon cœur, puissants et fraternels !

Émile Verhaeren

Se protéger des eaux usées

Des épidémies de choléra et de typhus se déclaraient fréquemment. Les épidémies dépeuplaient des contrées entières et, rien qu'en Prusse, entre 1831 et 1873, 379 580 personnes moururent du choléra. Dans les grandes villes, l'eau potable était rare, et tant que le lien entre l'eau souillée et les maladies ne fut pas reconnu, beaucoup de gens moururent.

Une attraction à la mode était de parcourir en barque les canalisations d'écoulement du sous-sol de Hambourg.

Frappés par les épidémies, les Anglais construisirent un réseau de canalisations étanches pour la distribution de l'eau qu'ils allaient chercher assez loin des villes. En revanche, à Berlin et à Paris, les eaux usées coulaient encore dans des caniveaux ouverts ou semi-ouverts au milieu des rues. Aussi est-ce là que les épidémies éclatèrent. À Hambourg, on construisit un réseau souterrain navigable, grâce auquel l'écoulement des eaux usées devint invisible, même si sa visite devint rapidement à la mode.

Dans les plis sinueux
des vieilles capitales,
Où tout, même l'horreur,
tourne aux
enchantements,
Je guette, obéissant
à mes humeurs fatales,
Des êtres singuliers,
décrépits et charmants.

Charles Baudelaire

Au temps de nos grands-parents

On reprisait les vêtements déchirés.

Pendant la première moitié du XXe siècle, nos arrière-grands-parents et grands-parents ont connu la guerre, la pénurie et le chômage. Ils n'étaient jamais sûrs du lendemain, aussi entretenaient-ils leurs biens, meubles, tapis ou vêtements plus soigneusement qu'on ne le fait aujourd'hui. On reprisait les chaussettes et les habits déchirés. On réparait les sacs, les casseroles et les chaudrons. Les ciseaux et les couteaux allaient chez le rémouleur. Les animaux domestiques mangeaient les restes des repas, le fumier était utilisé dans les jardins, on se servait des journaux comme papier hygiénique ou on les brûlait dans les poêles pour se chauffer. La mère de famille partait faire ses emplettes avec son pot à lait et son panier.

La lessive se faisait deux fois par mois, au savon et à la soude, dans les grands bacs collectifs du lavoir. Ainsi nos aïeux produisaient-ils

Il faut un minimum de bien-être et de confort ;
mais, passé cette limite, ce qui devait
nous aider devient source de gêne.

Mahatma Gandhi

beaucoup moins de déchets que nous. La production de déchets s'accélère depuis environ 50 ans, plus exactement depuis le grand boom économique qui a suivi la Seconde Guerre mondiale. On produit et consomme énormément, et toujours davantage. Nos grands-parents ont connu le livreur de glace et ses gros blocs d'eau gelée qu'il vendait dans les rues. Bien vite, les réfrigérateurs devaient le faire disparaître. Puis vinrent les tourne-disques, les magnétophones, les transistors, les téléviseurs et tous les plastiques accompagnant l'électroménager moderne.

Certes, les produits de synthèse existaient autrefois, mais leur banalisation n'a commencé qu'après 1950. La facilité d'entretien des rideaux et des vêtements actuels tient au fait qu'il n'y a plus à les repasser. Tous les tissus synthétiques sont appréciés pour la même raison. Les poêles à charbon, où finissaient les emballages et tous les matériaux combustibles, ont été remplacés par le chauffage électrique, au gaz ou au mazout.

De plus, aujourd'hui, une bonne partie de nos déchets provient de nos achats. À la caisse, on demande un sac plastique qui, après, servira de sac poubelle. La publicité vante les lessives, les adoucisseurs et les anticalcaires, et chacun se doit de posséder la dernière nouveauté.

La lessive a remplacé le savon.

Chacun possède aujourd'hui son « transistor ».

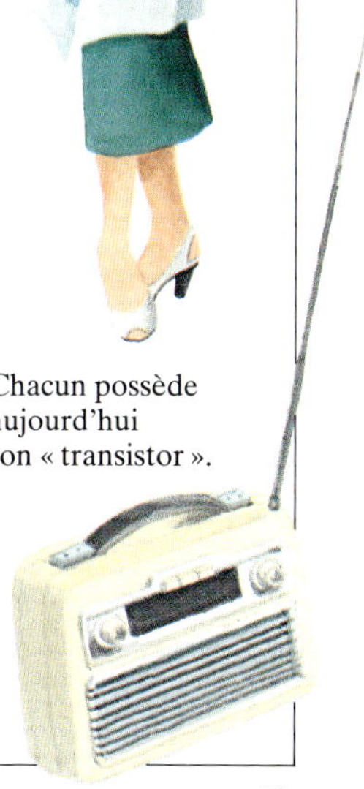

Une avalanche de déchets

Pots, tubes, bouteilles, boîtes, conditionnements divers : tous ces emballages nous coûtent plus de 1 500 francs par an, sans qu'on le demande vraiment.

Les sociétés industrielles sont des sociétés du déchet : elles consomment et jettent. Au supermarché, nous achetons en grande quantité des produits pré-emballés. Même un concombre, bien qu'il ait déjà une pelure naturelle, est emballé. De même, yaourts, crèmes et desserts sont présentés dans des pots de plastique. La viande est dans une barquette de polystyrène enveloppée dans un film de plastique. Les bonbons gardent leur saveur dans des papiers aluminisés. Finalement, 40 à 50 % de nos déchets proviennent des emballages de nos emplettes.

Il y a vingt ans, les couches étaient encore en tissu et devaient être lavées. Aujourd'hui, les couches jetables représentent 3 % des déchets domestiques. L'industrie nous présente sans arrêt de

nouveaux produits jetables, par exemple des appareils photographiques que l'on met à la poubelle après l'impression de leur unique pellicule, alors que ces appareils jetables reviennent souvent plus chers qu'un appareil classique.

Ainsi vont les choses : la prospérité engendre la consommation, et la consommation… les déchets.

On constate toutefois des différences entre les pays : par exemple, les Suisses et les Suédois jettent moins que les Allemands. Nos grands-parents produisaient 75 kg de déchets domestiques par personne et par an, alors qu'aujourd'hui nous dépassons la moyenne de 300 kg dans les pays riches, le record revenant haut la main aux Américains, avec plus de 740 kg.

Nous évitons des ordures lorsque nous achetons chez un détaillant des légumes en vrac.

Déchets domestiques par habitant et par an :

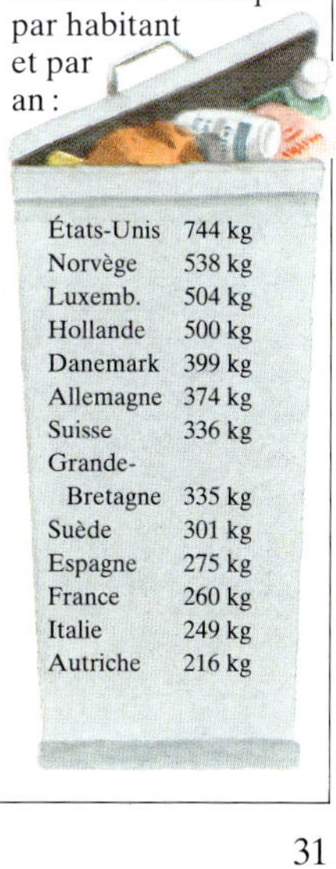

États-Unis	744 kg
Norvège	538 kg
Luxemb.	504 kg
Hollande	500 kg
Danemark	399 kg
Allemagne	374 kg
Suisse	336 kg
Grande-Bretagne	335 kg
Suède	301 kg
Espagne	275 kg
France	260 kg
Italie	249 kg
Autriche	216 kg

Un tas d'ordures haut comme le mont Blanc

Tu penses certainement qu'il faut beaucoup de temps pour faire une montagne d'ordures aussi haute que le mont Blanc. Tu te trompes. Chaque année, la France, presque à elle seule, produit une montagne de déchets de cette taille. Il en est à peu près de même pour tous les pays industrialisés, et cela année après année. Tu peux maintenant imaginer pourquoi notre planète pourrait bien devenir un jour une gigantesque boîte à ordures. Certains édiles de grandes villes proposent des solutions astucieuses. Ainsi, à New York, doit s'élever un monument très particulier : une pyramide d'ordures,

Ordures dans une rue de Londres

qui sera l'éminence la plus haute de la côte est américaine : elle dépassera de 8 m la célèbre pyramide d'Égypte du pharaon Chéops. Cent millions de tonnes d'ordures, soit quarante ans de production de déchets, seront utilisées, après avoir été retraitées, pour construire, au sud de Manhattan, la « Montagne d'ordures ». Ce « chef-d'œuvre » devrait être achevé en 2005. Sera-t-il un but d'excursion et un paradis des loisirs pour les New-Yorkais et les touristes du XXIe siècle ?

Toujours est-il que les ordures et les résidus toxiques doivent nous préoccuper de plus en plus : leur élimination correcte ou leur reconversion est l'unique solution, un problème auquel il faut nous préparer.

La plus haute montagne d'Europe est le mont Blanc. La montagne de nos ordures est aussi impressionnante.

Qu'est-ce-qu'un dépôt d'ordures ?

Tout ce qui se trouve dans un conteneur d'ordures :

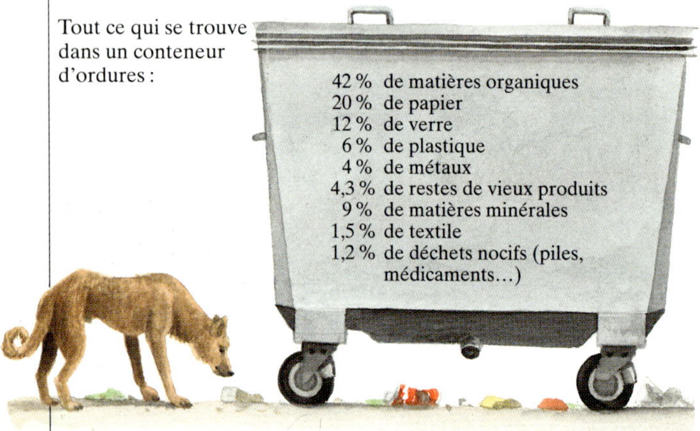

Dans les pays de la CEE, une quantité inimaginable de fruits et de légumes est perdue chaque année, parce que nous produisons trop.

Jadis, une simple excavation tapissée de gravier, creusée hors de la ville, pouvait servir de décharge dans laquelle on entassait toutes les ordures, y compris un téléviseur ou un réfrigérateur cassés. Quand la fosse était pleine, on la recou-

C'est fou ce que l'homme invente
pour abîmer l'homme
et comme tout ça se passe tranquillement.

Jacques Prévert

vrait d'une couche de terre arable, la dissimulant ainsi aux regards et l'effaçant des mémoires. Mais, depuis une quinzaine d'années, on n'a plus le droit d'installer des décharges n'importe où : les sites sont choisis de façon que les suintements du dépôt puissent s'écouler grâce à une couche d'argile naturelle située très au-dessus de la nappe phréatique. Si cette couche protectrice naturelle n'existe pas, on ajoute un film isolant. Toutefois, les substances chimiques ont la propriété de traverser lentement des matériaux dits isolants, et certaines peuvent parfois passer à travers les plastiques isolants sans que ceux-ci subissent de dommage. Une isolation absolue est irréalisable. Les décharges modernes sont composées de cuves séparées qu'on emplit et recouvre de temps à autre de terre.

En Suisse, les taxes sur l'enlèvement des ordures augmentent sans cesse. Aussi, moins d'ordures finissent dans les poubelles. Mais certains habitants déposent la nuit leurs sacs-poubelle deux maisons plus loin pour payer moins d'impôts.

Coupe d'un dépôt d'ordures

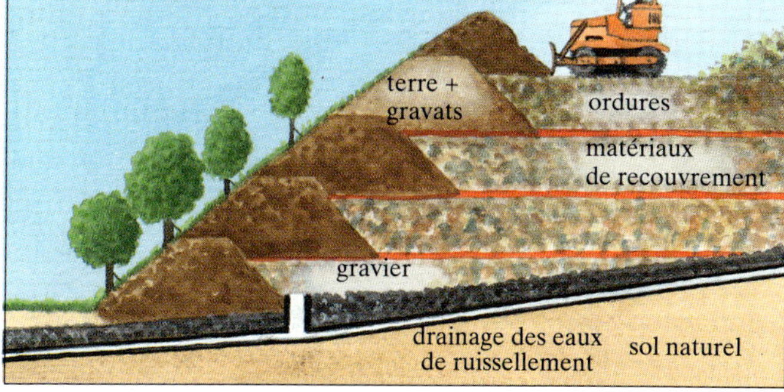

Danger et utilité des dépôts d'ordures

En fouillant le sol près de certains anciens dépôts d'ordures de Hollande, on a trouvé des pesticides et différents autres poisons.

Les dépôts d'ordures sont des bombes chimiques à retardement, car une partie seulement des déchets pourrit comme les végétaux. En effet, les déchets organiques ne représentent que 40 % environ des ordures ménagères. De plus, la plupart de nos déchets ne sont pas triables. Dans certains d'entre eux se trouvent des métaux lourds comme le mercure des piles, du verre, du fer blanc, du plastique, des colorants et autres substances toxiques. Ces différents matériaux peuvent se mélanger et réagir entre eux, donnant parfois naissance à des produits toxiques qui s'infiltrent lentement dans le sol. Le liquide qui s'écoule pollue les rivières, les fleuves et même la

Combustion lente d'une décharge d'ordures près de Saint-Pons, dans le sud de la France. Elle pollue l'air de ses fumées toxiques.

nappe phréatique, d'où vient une grande partie de l'eau que nous buvons.

Ces décharges d'ordures engendrent des gaz inflammables, des mélanges composés de 45 % de gaz carbonique et de 55 % de méthane qui pourraient être récupérés pour produire de l'électricité. Beaucoup de substances s'y mêlent et dégagent de la chaleur, la température à l'intérieur de certains dépôts atteignant 60 à 70 °C. À la suite de combustions, voire d'explosions, une partie des déchets se transforme en fumée et en poussières. La fumée transporte des substances toxiques qui se retrouvent en grande quantité dans l'atmosphère.

Les mouettes et les corneilles, qui cherchent leur nourriture dans les décharges, peuvent transmettre des germes pathogènes, de même que les rats.

Selon les spécialistes, il faudrait que chaque pays dépense des centaines de milliards de francs pour décontaminer les anciennes décharges et en construire de nouvelles, moins nuisibles. Pour éviter de tels investissements, l'Allemagne a, pendant des années, fait discrètement migrer des tonnes de déchets vers la France, et elle n'est pas la seule à agir ainsi.

La Grande-Bretagne compte environ 1 400 décharges, et les États-Unis, plus de 6 000.

Aux États-Unis, de nombreux pauvres fouillent les tonnes de déchets des supermarchés. Ils y trouvent beaucoup de choses qui peuvent encore servir : boîtes de conserve cabossées, lait et crèmes périmés, légumes légèrement avariés.

Attention, poison !

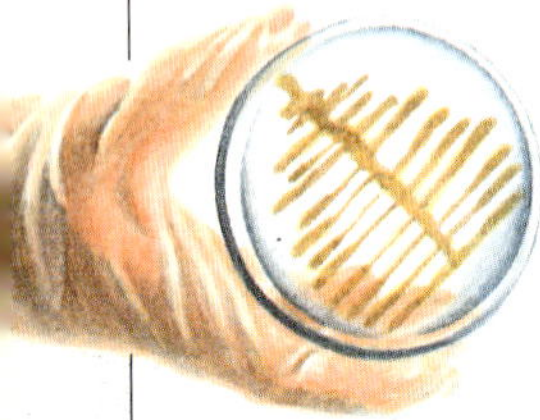

Cette bactérie, la *Pseudomonas species* HH-69, élevée à l'Institut de botanique de Hambourg, dévore le dibenzofurane, un poison, et bientôt peut-être aussi la dioxine. On pourra peut-être ainsi se débarrasser des plastiques.

Partout en Europe se cachent des décharges oubliées et des terrains plus ou moins empoisonnés, qui devraient être recensés d'ici une dizaine d'années.

Sur le seul territoire de l'ancienne République fédérale d'Allemagne, on évalue le nombre de tels lieux à 70 000, dont 50 000 sont déjà répertoriés, et de nouveaux sites sont sans cesse découverts.

Quand un terrain est pollué, on ne le remarque pas aussitôt, car la terre absorbe bien même si, tout d'abord, le gazon cesse de pousser. Lorsque la

Dans toute l'Europe, on trouve d'anciennes usines dont les murs et le sol sont empoisonnés. C'est seulement avec des combinaisons et des masques à gaz que les ouvriers peuvent les nettoyer.

Ici les enfants ne peuvent jouer que sur la route goudronnée. La prairie, elle, est encore chargée de déchets chimiques.

végétation a réapparu, qui se douterait qu'il y avait là une usine polluante ou un dépôt d'ordures ?

Au milieu des fleurs, des pommiers ou des ronces, on trouve pourtant de l'arsenic, du cadmium, du mercure, de la dioxine et beaucoup d'autres poisons : des substances qui peuvent rendre malade et qui sont souvent cancérigènes.

Dommage qu'on ne puisse pas voir le poison qui est dans ce fruit.

Le fer a ses vaisseaux
le cuivre ses matraques
le chlore et le sodium
se joignent à l'Estaque
se grugent en Vendée
et s'abîment au Havre
où la chaux ammonite
effrite ses falaises.

Raymond Queneau

L'usine d'incinération d'ordures

Le camion apporte son chargement d'ordures jusqu'à la station **(1)** et le déverse dans la grande citerne à ordures **(2)**. La benne de la grue saisit alors les ordures et les met dans le four **(3)**. Un plan incliné entraîne les ordures dans le brûleur **(4)**. C'est là qu'a lieu l'incinération, entre 800 et 900 °C. Près du brûleur, la température atteint pratiquement 1 000 °C. Puis les scories sont

mises à part **(5)**. Le refroidisseur de la station récupère la chaleur **(6)**, qui pourra servir au chauffage urbain. Les scories et les poussières du filtre deviennent des ordures traitées à part et mises en décharge. À côté du filtre **(7)**, il est bon de mettre un nettoyeur de fumées **(8)** qui s'échappent par la cheminée. Les gaz qui se retrouvent dans l'atmosphère ne doivent pas contenir plus de 0,1 % de substances toxiques.

Comment fonctionne un incinérateur ?

Pour les Grecs, le Phénix était le symbole de la vie qui renaît de la mort. Dans la mythologie romaine, cet oiseau sacré se consumait de temps en temps et renaissait de ses cendres.

À l'idée de feu, nous associons souvent celle, agréable, d'une cheminée flamboyante. Le pouvoir donné à la flamme nous est connu depuis longtemps : dans beaucoup de religions, elle est l'élément purificateur. Dans la mythologie grecque, le Phénix est l'oiseau qui renaît de ses cendres.
C'est à Hambourg, lors de l'épidémie de choléra de 1893, que, pour la première fois, on a brûlé quantité d'ordures afin d'éliminer les germes de la maladie. Aujourd'hui, les pays européens éliminent de cette manière la montagne d'ordures issues de la prospérité. En Allemagne, à court terme, on brûlera 30 % des déchets, et 70 % en Suisse. Pour cela, on construit en Allemagne 64 installations, 37 en Angleterre, 31 en Suisse, alors qu'en Autriche on ne prévoit que 2 incinérateurs.

Pour transporter les 20 millions de tonnes de déchets que l'Allemagne produit chaque année, il faudrait un convoi qui s'étirerait du pôle Sud au pôle Nord.

Il suffit d'ouvrir les narines
Pour sentir l'odeur de roussi.
Des souffles arrivent aussi
Dont l'épaisse tiédeur étonne.

Jules Romains

Cependant, les ordures, une fois brûlées, n'ont pas entièrement disparu : elles donnent naissance à des substances chimiques gazeuses qui sont évacuées par les cheminées des incinérateurs. Le papier, par exemple, se transforme en gaz carbonique et en vapeur d'eau. Certains matériaux de synthèse comme des plastiques (PVC) dégagent du chlore en brûlant, lequel peut former une substance corrosive, l'acide chlorhydrique. Les déchets particulièrement dangereux sont ceux qui produisent de la dioxine en brûlant. Ces substances toxiques vont soit dans nos poumons, soit dans la terre, et de là, par les plantes et les animaux, dans l'Homme. Même les installations les plus modernes détériorent la qualité de l'air et du sol. Pour éviter cela, scories et poussières des filtres doivent être soigneusement épurées et les restes non dégradables devront être enterrés dans des sols salins.

Caverne de sel pour ordures nocives

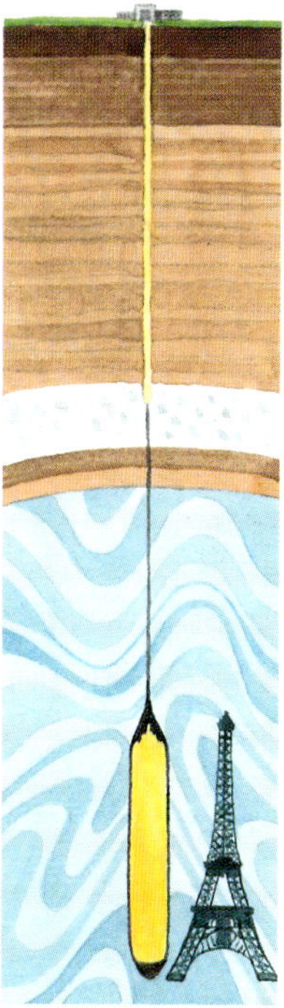

Dans le port de Rotterdam a été construite la plus grosse installation d'incinération d'ordures du monde : 900 000 tonnes d'ordures y sont brûlées par an.

Incinérer ou récupérer ?

Tous ces objets deviendront des ordures nocives.

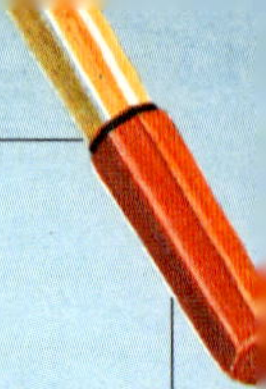

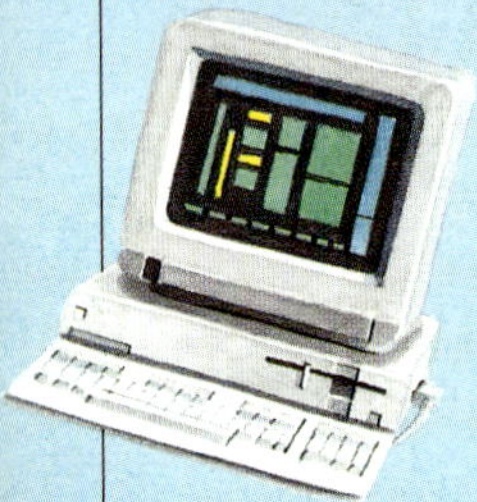

Nous savons qu'aucune décharge n'est jamais totalement sans danger et que, lors de l'incinération des ordures, des substances diverses polluent notre environnement.

Admettons cependant que nous sommes pour les installations d'incinération, puisqu'elles aident au maintien d'un sol propre : jusqu'à présent, en France, les cheminées des 290 usines d'incinération d'ordures crachent leurs fumées, sans compter avec celles spécialisées dans d'autres catégories d'ordures. Pour ces installations de traitement des déchets, il faudra dépenser plus de 100 milliards de francs, une somme qui ne fait qu'augmenter année après année. Un très bon filtre coûte environ 170 millions. Les incinérateurs brûlent du carton, du papier et des plastiques, et récupèrent une partie de la chaleur, mais il vaudrait mieux récupérer les matériaux eux-mêmes.

En brûlant du papier, on ne récupère que le quart de l'énergie qu'on dépense pour le brûler. Si l'on ramasse le vieux papier pour en faire du nouveau, on consomme alors deux fois moins d'énergie que ce que l'on dépense

Les grandes affiches collées sur les murs
où l'on voit un ouvrier robuste se dressant dans le ciel
et au fond, des usines, s'en vont en lambeaux
sous l'eau et le soleil.

Cesare Pavese

pour fabriquer ce même papier à partir de la cellulose.

Les experts ont calculé que brûler une tonne de déchets domestiques coûte de 300 à 400 francs. L'incinération des ordures est donc actuellement un moyen d'élimination assez coûteux, aussi bien financièrement que pour l'environnement.

De toute façon, sur une décharge ou dans un incinérateur, nos déchets se transforment en partie en matériaux dangereux.

Si nous voulons nous protéger, il faut limiter l'usage des emballages superflus et des matériaux synthétiques, même s'il est certain qu'on ne peut pas les faire tous disparaître par un coup de baguette magique.

Tant que l'ex-RDA devait économiser ses matières premières, elle récupérait 90 % du papier et des métaux, mais aujourd'hui que ce ramassage ne rapporte quasiment plus rien, cet excellent système de récupération a été délaissé. Il a fonctionné une quarantaine d'années et il revenait à 70 millions de francs par an, somme qui équivaut peu ou prou à ce que coûte une seule installation d'incinération d'ordures.

Déchets industriels en abondance

Que trouve-t-on dans des décombres ? Des plastiques, des peintures, des solvants…

Chaque usine d'aluminium produit annuellement près d'un demi-million de boues rouges qui sont déversées dans la nature.

La production industrielle engendre une montagne d'ordures, et tout le monde, du producteur au consommateur, est responsable. En France, on estime les déchets industriels à 150 millions de tonnes par an, parmi lesquels 100 millions de tonnes de déchets inertes (gravats, résisus d'extraction).

Les déchets naissent dès la transformation des matières premières. La production de chaque tonne de cuivre laisse une tonne de déchets nocifs. Puis l'usinage, le traitement et la distribution des matières premières ajoutent quelques déchets supplémentaires : boues, lessives, acides et métaux lourds, comme le mercure ou le plomb, dont pendant longtemps on s'est débarrassé sans scrupules en les enfouissant dans les zones industrielles, en les brûlant dans des fours, ou en les déversant dans les fleuves. Cela se fait parfois encore aujourd'hui, mais on cherche à limiter ces pratiques. Dans beaucoup de pays industriels, les taux maximaux de produits toxiques dans l'air ou dans l'eau sont réglementés. Les ordonnances varient d'un pays à l'autre, mais tentent de fixer des quotas de toxicité raisonnables. Cependant, des fleuves comme le Rhin, la Seine, la Tamise ou le Pô, qui sont situés à proximité de zones industrielles, sont extrêmement pollués.

Mais là où les populations tentent seulement de survivre, comme dans

Les impacts destructeurs d'une majorité pauvre, qui lutte pour survivre, combinés à ceux d'une minorité riche, consommant la plupart des ressources du monde, compromettent les moyens mêmes grâce auxquels tous les êtres humains peuvent survivre et prospérer.

UICN

certaines régions d'Afrique, d'Asie et d'Amérique latine, l'environnement n'est pas un sujet prioritaire, et il en est à peu près de même dans les États de l'est de l'Europe.

En Roumanie, l'unique fabrique d'abrasifs est totalement délabrée. Pourtant, ni les travailleurs ni les habitants de la ville proche ne sont protégés des poisons qu'elle rejette, comme le plomb et le dioxyde de soufre.

Nos rivières meurent. Matières toxiques et déchets industriels, à défaut de stations d'épuration, les transforment en cloaques.

Rivière trop tôt partie,
d'une traite, sans
compagnon,
Donne aux enfants
de mon pays le visage
de ta passion.

René Char

Depuis peu, l'industrie voit dans ses déchets la possibilité de nouveaux gains. À titre d'exemple, depuis 1984, on ne peut plus jeter de sels industriels dans la mer du Nord : dès 1985, certaines entreprises augmentaient leur chiffre d'affaires grâce à la vente de ces sels. On découvrit, de plus, qu'il s'agissait de réactifs chimiques pouvant être employés dans les stations d'épuration.

Un autre exemple montre que l'industrie sait s'adapter à la demande des consommateurs : les fabricants de lessives produisent des détergents à faible teneur en phosphate et leurs emballages sont plus écologiques depuis que les consommateurs, prenant conscience de la nécessité de protéger la nature, cherchent à acheter selon ces critères.

Dentifrice et acide dilué

Dans le dentifrice, il y a du dioxyde de titane qui sert à fabriquer le blanc : il remplace la céruse, ou blanc de plomb, dans la fabrication des couleurs et des vernis. On ne peut pas éliminer cette matière de notre vie quotidienne.

Environ 950 000 tonnes de dioxyde de titane sont produites par an dans la CEE. Avec une tonne de dioxyde, nous fabriquons 4 tonnes de sels industriels et 8 de dentifrice. Un acide dilué contient 20 % d'acide sulfurique et des métaux lourds. Nous pouvons en modifier la structure chimique pour le rendre inoffensif, mais cela revient cher.

Jusqu'en 1990, les produits toxiques étaient rejetés dans la mer. Par exemple, l'Angleterre a été autorisée à déverser ses déchets industriels en mer du Nord jusqu'en 1993 et, en Espagne, de grandes canalisations conduisent les eaux usées jusqu'au large.

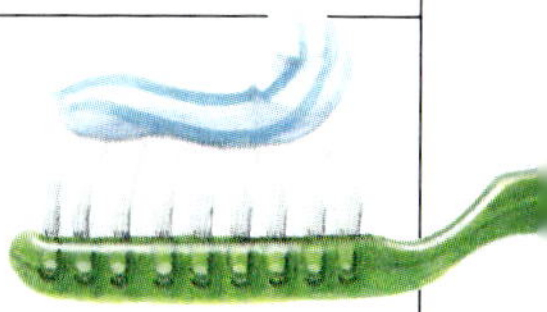

Toute la pollution des fleuves finit dans la mer. Plantes et animaux marins en souffrent beaucoup. Acides faibles, métaux lourds et dioxine entraînent une dégénérescence des nageoires, des abcès et des malformations chez les morues, les harengs, les flétans et les soles.

Protéger la mer

Depuis longtemps ordures, résidus de drainage, eaux usées et boues sont déversés en mer. Là, on ouvre les vannes des cales, ou à l'arrière, et l'on déverse toutes les ordures. On tolère toujours que les déjections soient jetées par-dessus bord.

Les substances polluantes tuent les plantes marines comme les algues, qui sont le réservoir d'oxygène de la mer et nourrissent bien des animaux marins.

Or, le manque d'oxygène perturbe l'équilibre naturel. Par exemple, les œufs des poissons, au fond des mers, ne se développent plus.

Les métaux lourds, même en petite quantité, provoquent une sorte de lèpre sur les nageoires des poissons qui, ne pouvant plus nager, finissent par mourir de faim. D'autres ont les branchies atteintes ou développent des abcès.

Le rejet des substances toxiques en haute mer était autorisé jusqu'en 1989. Depuis, des lois l'interdisent presque partout, et, pourtant, certaines entreprises ont encore la permission de disperser leurs déchets dans les océans.

« Un homme à la mer lève un bras, crie : “Au secours !”
Et l’écho lui répond : “Qu’entendez-vous par là ?” »

Jules Supervielle

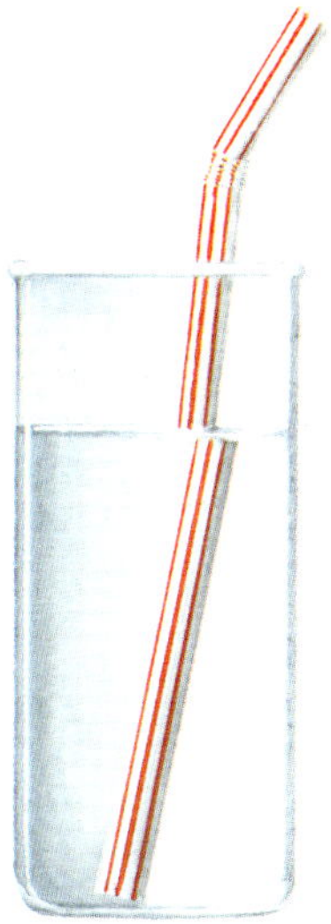

Le Rhin transporte annuellement 45 millions de tonnes de sels résiduaires, 4,6 millions de tonnes de sulfate, 82 800 tonnes de nitrate, 30 000 tonnes d’azote, 90 000 tonnes de fer, 38 000 tonnes d’ammonium, 28 000 tonnes de phosphore… Or plus de 20 millions de personnes reçoivent leur eau potable soit directement, soit indirectement, du Rhin.

Les ordures domestiques nocives

Le baladeur fonctionne avec des piles. Celles-ci peuvent contenir du mercure hautement toxique. Mieux vaut utiliser la pile classique zinc-carbone, qui est aujourd'hui presque sans mercure.

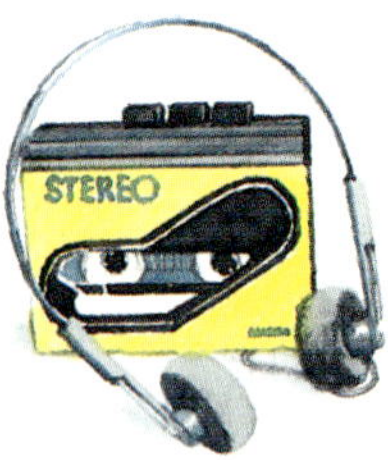

Les déchets industriels ne sont pas les seuls à être dangereux. Nous trouvons aussi dans nos poubelles un bel échantillon de produits toxiques dont, souvent, nous n'avons pas conscience.

Où jettes-tu ton stylo feutre quand il est sec ? Certainement dans la poubelle. Ce n'est pourtant pas sa place, car c'est un déchet nocif. Peut-être aimes-tu aussi bricoler ? Tu te sers alors de colle, de laque et de peinture, dont les résidus sont nocifs.

Les ordures nocives peuvent être dangereuses pour les hommes, les animaux, les plantes, l'océan, l'air ou le sol. Les pots de yaourt, les produits d'entretien ou les papiers viennent s'ajouter aux déchets domestiques. Regarde combien d'objets en plastique

finissent chaque jour dans ta poubelle. Une grande quantité. Chaque année, les Français dépensent 34 milliards de francs en emballages, sacs plastique, isolants ou bidons, auxquels s'ajoutent les bouteilles non consignées. Mais le plastique pose un problème particulier : il occupe beaucoup de place dans les décharges, et son incinération peut produire de la dioxine ou d'autres substances plus ou moins dangereuses. Seule une faible partie des ordures ménagères est récupérable. À partir des matériaux irrécupérables compressés, on fabrique tout au plus des bacs à plantes et des bancs de jardin. Aussi commence-t-on en Allemagne à mettre une marque distinctive sur les pots de yaourt. Ainsi, l'utilisateur peut rassembler les matériaux identiques, qui serviront à faire de nouveaux pots, ce qui économise les matières premières.

À Munich, en Allemagne, un camion, le « Giftmobil », enlève les ordures ménagères nocives.

Quatre sacs en matière plastique consomment en brûlant autant d'oxygène qu'un homme en respire pendant une journée entière.

Transport international

Pendant deux ans, le cargo *Khian Sea* a sillonné les mers du monde, pour décharger quelque part son chargement empoisonné. Il venait des États-Unis, chargé de résidus provenant d'une usine d'incinération d'ordures de Philadelphie. Sur les 13 500 tonnes dont il était chargé, 3 000 ont été déchargées à Haïti. Quant au reste, le capitaine, à bout de nerfs, l'a probablement jeté par-dessus bord, en pleine mer.

Rien qu'en Europe de l'Ouest, année après année, plus d'un milliard de tonnes d'ordures (sans compter les ordures nocives) sont accumulées, alors même que les déchets nocifs industriels doivent être gérés d'urgence.

Comme les dépôts disponibles ont été remplis, les ordures sont transportées de tous les côtés en Europe depuis les années 80, leur destination principale étant l'Angleterre. En 1980, la Grande-Bretagne a ainsi réceptionné 5 000 tonnes d'ordures, essentiellement des ordures nocives ; en 1985, il y en avait déjà 25 000 tonnes, et, en 1987, 250 000 tonnes en provenance de la seule Rhénanie. Une grande quantité d'ordures aboutissent aussi dans l'ex-RDA.

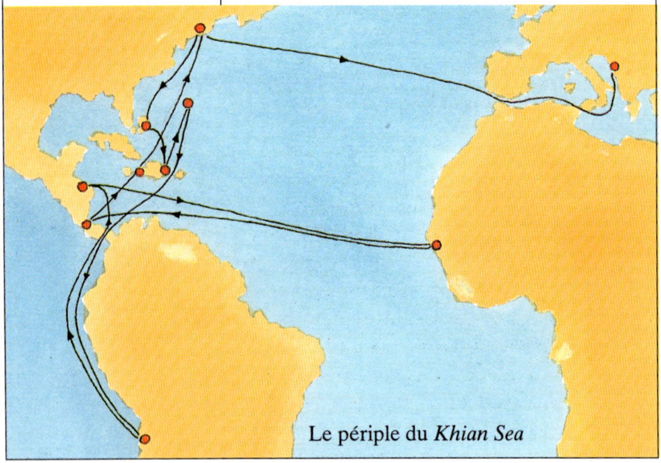

Le périple du *Khian Sea*

Très vite, et pas seulement en Europe, des sociétés ayant pour seule activité le transport des ordures d'un pays à l'autre ont vu le jour. Par exemple, le gouvernement italien a trouvé, à la suite d'une enquête, que 70 sociétés italiennes travaillaient dans le transport des ordures. L'apparition de ces sociétés s'explique facilement : les industries, ainsi que les villes et les communautés, ne savent plus quoi faire de leurs déchets, et tous seraient ravis de pouvoir régler ce problème, ce que se proposent de faire ces nouvelles sociétés d'ordures. Leurs marchandises empoisonnées trouvent accueil principalement dans les pays pauvres : en Asie, en Afrique, en Amérique du Sud et dans l'ex-Europe de l'Est.

Haïti est l'un des pays les plus pauvres du monde. D'innombrables tonnes de déchets nocifs y sont abandonnées, en provenance des États-Unis.

« La prochaine fois, essayez le recyclage », c'est ce que l'on peut lire sur la banderole installée par Greenpeace sur une barge à ordures ancrée devant New York. Pendant trois mois, cette barge a voyagé dans les Caraïbes, sans que personne veuille l'accepter. Finalement, les ordures ont été brûlées à New York.

Des actions criminelles

Les déchets nocifs ne sont pas toujours gérés légalement : les documents sont parfois falsifiés, le contenu des réservoirs ou des bidons est présenté mensongèrement comme sans danger, les ordures sont jetées n'importe où.

Ainsi, 11 000 bidons pas tous étanches, remplis d'un produit empoisonné d'origine italienne, sont parvenus au Venezuela. Les habitants virent très vite que quelque chose n'allait pas : ils souffraient de lésions de la peau et de douleurs ; certains perdirent leurs cheveux, et un enfant qui avait joué à proximité des bidons mourut. Transbordés sur un cargo, le *Zanoobia*, les bidons errèrent neuf mois sans trouver preneur, avant de revenir en Italie, à Gênes. Entre-temps, l'équipage était tombé malade sous l'effet des émanations toxiques, et l'un des marins était mort.

On offrait de 250 à 300 F à l'État de Guinée-Bissau par tonne d'ordures. En Europe, il en coûte entre 3 000 et 4 000 F par tonne pour déposer des ordures dans une décharge.

Le navire *Zanoobia* de retour à Gênes. Des hommes en tenues spéciales de protection ont enfin déchargé le cargo tout rouillé : nul ne sait au juste ce que contenaient les bidons.

Coup de frein au commerce des ordures

Les dangers du transport des ordures sans contrôle ont finalement été reconnus. Depuis 1989, quelques accords internationaux s'efforcent de limiter les voyages de nos ordures à travers le monde. Le premier de ces accords est la Convention de Bâle sous l'égide de l'ONU, que 34 États ont, à ce jour, ratifiée. Néanmoins, il est toujours possible de transporter des ordures dans un pays qui n'a pas signé ces accords, et la Convention de Bâle se montre tolérante : si, par exemple, un État européen installe une usine d'incinération en Afrique, il peut y transporter ses ordures. Une telle aide technique est rendue possible dans le cadre des Accords de Lomé, selon lesquels pourtant l'Organisation des États africains a interdit à ses membres de recevoir des ordures.

En dépit de leurs défauts, ces accords réduisent malgré tout le commerce d'ordures. Ce trafic, cependant, ne prendra fin que lorsque nous produirons nous-mêmes moins d'ordures.

Près de 60 000 tonnes d'ordures nocives étaient transportées chaque année, jusqu'en 1990, depuis des usines chimiques suisses jusqu'en ex-RDA. Depuis la réunification de l'Allemagne, la Suisse est assise sur ces montagnes… de déchets nocifs.

L'élimination de nombreux types d'ordures particulièrement dangereuses coûte aujourd'hui très cher, jusqu'à 35 000 F par tonne.

Nos voitures vieillissent un jour

Cimetière de voitures : depuis peu, on ne réutilise pas seulement les parties métalliques des automobiles, mais également certains plastiques, le verre et le caoutchouc des pneumatiques.

Toute voiture achève un jour son service. En France, chaque année, près de 1,8 million de véhicules partent à la ferraille. Pour fabriquer une voiture, divers matériaux sont utilisés, comme on le voit sur ce schéma. Jusqu'à une date récente, tous ces matériaux, à l'exception du métal, étaient envoyés dans des décharges ou dans des usines d'incinération. Cela représentait, en France, 1 000 tonnes de déchets par jour.

Depuis 1990, les constructeurs automobiles et les ministres de l'environnement ont sérieusement réfléchi à la

Une voiture contient les matériaux suivants :

- métal
- matière plastique
- mousse
- verre
- vernis
- tissu, cuir ou simili
- caoutchouc

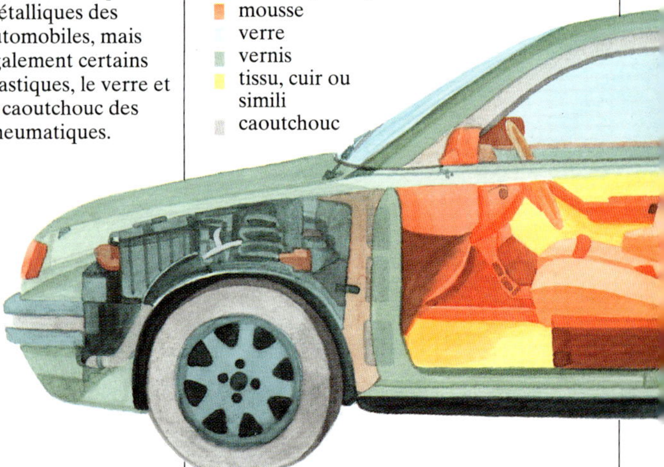

manière dont on pouvait réutiliser les vieilles voitures. Concernant le métal des carrosseries et des moteurs, de nombreuses études ont démontré que l'on pouvait en récupérer une très grande partie. De même, on peut broyer les matières plastiques, les fondre et les mouler dans de nouvelles formes. Le verre peut aussi être fondu pour fabriquer de nouvelles vitres. Même les pneus sont récupérables : on les rechape ou bien on les broie pour réutiliser le caoutchouc. Aujourd'hui, le but visé par l'industrie automobile européenne est de retraiter les véhicules à 90 % en 2002. Cependant, il faudra encore plusieurs années avant que ce projet puisse être adopté partout.

Souvent, les vieilles voitures sont abandonnées dans la nature. Cet autobus est resté ainsi plus de dix ans dans les environs de Grossetto, en Italie.

220 millions de pneus sont jetés par an dans des décharges aux États-Unis : perte gigantesque de matière première et d'énergie.

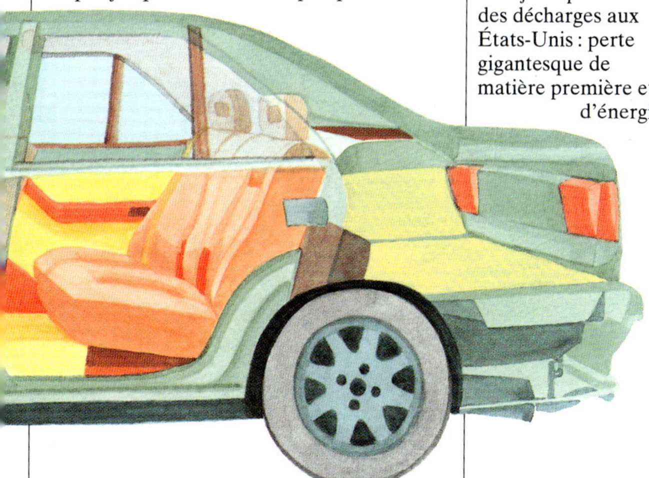

Dans les hôpitaux

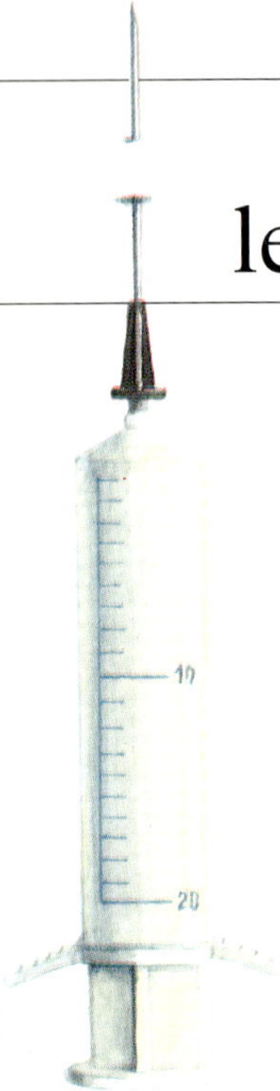

Les seringues sont faites de diverses matières plastiques.

Les hôpitaux sont toujours bien entretenus et propres. On ne remarque pas qu'ils produisent de nombreux déchets : nourriture, pansements, linge souillé, bouteilles de perfusion, canules, seringues, emballages de médicaments ou d'instruments stériles, gants chirurgicaux, et bien d'autres choses.

Les pansements et les seringues, surtout, ne doivent pas être traités avec négligence, car ils peuvent transmettre des maladies. Chaque année, un hôpital de taille moyenne utilise plus de 100 000 seringues et produit de 40 à 50 tonnes de déchets (désinfectants, matières plastiques, restes de médicaments, etc.). Jusqu'à présent, les déchets étaient acheminés vers des décharges ou brûlés. Au cours des dernières années, dans de nombreux hôpitaux, on s'est efforcé de récupérer papier, verre et plastique qui sont séparés des autres déchets. Cela accroît le travail des infirmières et des médecins, mais le résultat est positif, car on réutilise ainsi plus de la moitié des déchets.

La plupart des gants chirurgicaux étaient jusqu'à présent faits en PVC, une matière plastique qui, en brûlant, dégage des gaz particulièrement toxiques. De plus en plus, les médecins utilisent maintenant des gants en latex, un caoutchouc naturel qui n'est pas toxique.

À l'école

Des élèves d'un lycée de Munich eurent l'idée d'installer une énorme poubelle à ordures lors d'une fête, afin d'expliquer à leurs camarades quels déchets ils produisaient. Dans cette poubelle étaient entassés tous les déchets de l'école : canettes de boisson, papier, crayons, bouteilles, restes de nourriture, vaisselle et gobelets en plastique, feuilles de plastique, chaussures de sport et même chaussures de ski.

Cette action fut un succès, car les élèves décidèrent alors de faire un tri et de réutiliser ce qui pouvait l'être. Les ustensiles jetables furent proscrits de la cafétéria ou consignés, et les élèves apportèrent verres et tasses. Le papier fut récupéré, ainsi que le verre et le métal. Des cahiers en papier recyclé furent utilisés dans l'école.

Les déchets qui étaient auparavant destinés aux usines d'incinération sont désormais recyclés. Des initiatives semblables sont prises dans de nombreuses écoles européennes.

Dans une école, des élèves font le tri des ordures tirées d'une poubelle.

Les distributeurs automatiques de boissons produisent de grandes quantités de déchets : boîtes, bouteilles, gobelets en plastique.

Où mettre les déchets radioactifs ?

Jusqu'au milieu des années 80, 100 000 tonnes de déchets atomiques ont été déversées dans l'Atlantique et le Pacifique. Certains des récipients ont perdu de leur étanchéité par suite des chocs. L'eau et le fond ont été contaminés par la radioactivité. Selon le constructeur, ces récipients resteront étanches 500 ans, mais les substances radioactives rayonneront pendant plus de 1 000 ans. Il est désormais interdit de jeter des ordures nocives en mer.

Les déchets de l'industrie nucléaire sont aussi dangereux que ceux de l'industrie chimique. Ils proviennent des centrales nucléaires, des usines de retraitement, des services de radiothérapie, de l'armement atomique et des usines d'irradiation des aliments.

Ils sont hautement, moyennement ou faiblement actifs, selon qu'ils rayonnent plus ou moins fortement. Tout rayonnement radioactif est dangereux pour les hommes et pour l'environnement. Mais, pour ces déchets particulièrement dangereux, on n'a jusqu'à présent trouvé aucun mode de stockage véritablement sûr.

Les déchets atomiques faiblement et moyennement actifs s'accumulent en Europe dans d'anciennes mines de sel ou dans des sites de stockage de surface.

Pastilles d'uranium crayons générateurs
de terreurs mais aussi d'excellents mégawatts
Ô feu sorcier de nos centrales nucléaires
Usines à passions ou manifestations

Bernard Lorraine

Les déchets hautement actifs posent un problème non résolu à ce jour. Leur durée de stockage doit s'étendre sur plusieurs centaines, voire plusieurs milliers d'années, avant que tout risque soit écarté. La plupart des barres de combustible irradié dans les centrales voyagent en plusieurs étapes, d'abord stockées provisoirement, parfois jusqu'en Suède, elles sont ensuite envoyées vers les usines de retraitement de Sellafield, en Grande-Bretagne, et de La Hague, en France. Transportés par trains, camions ou bateaux, les conteneurs en acier épais laissent pourtant passer une partie du rayonnement, ce qui représente un danger permanent pour les camionneurs. D'ailleurs, il y a déjà eu des accidents lors de ces transports. Tant que des matières radioactives seront utilisées, dans les centrales nucléaires ou ailleurs, se posera le problème du stockage des déchets radioactifs.

La résistance des fûts est appréciée par un test de chute de 40 m de haut sur une dalle de béton. Mais certains ponts qu'empruntent les transporteurs de déchets font jusqu'à 120 m de haut.

En octobre 1984, le *Mont-Louis* a coulé dans la Manche. Il transportait 225 fûts d'uranium, dont certains ont échoué sur les côtes belges. Les autres ont dû s'échapper de l'épave.

Ce qu'on peut récupérer

Jouet fabriqué avec des matériaux de récupération

En Afrique ou en Asie, quand une sandale de plastique se déchire, elle n'est pas jetée, elle est réparée. Ce qui lui redonne vie et évite des ordures.

Depuis les années 80, les dépôts d'ordures ont tendance à déborder, et la pratique de l'incinération est de plus en plus remise en cause, ce qui favorise, dans certains pays industrialisés, les réflexions sur la récupération des ordures. Si, dans certains pays, le recyclage des ordures n'en est qu'à ses balbutiements, il fonctionne déjà dans quelques régions du monde pour le verre, le papier et les métaux.

Les habitants des grandes villes prennent lentement conscience que les déchets de cuisine sont riches en matières fertiles pour la terre. En jetant les ordures, non seulement nous perdons des matières premières, mais nous gaspillons, de plus, de très grandes quantités d'énergie.

Je vous salis ma rue
et je m'en excuse
un homme sandwich m'a donné un prospectus
de l'armée du Salut
et je l'ai jeté

Jacques Prévert

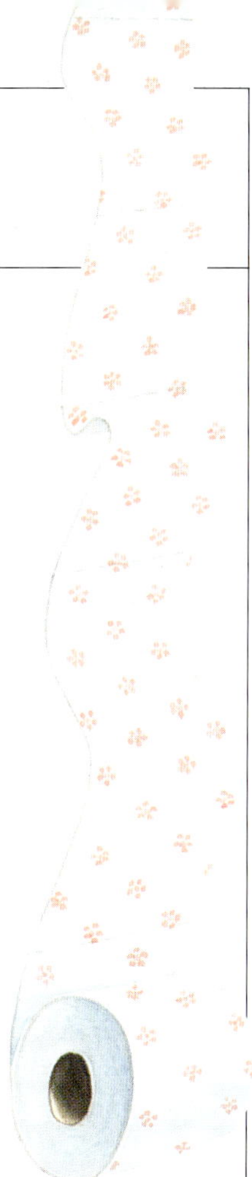

Cependant, on ne jette pas partout dans le monde des choses utiles comme on le fait dans les pays riches. Dans bien des pays du tiers-monde, comme ceux d'Afrique, d'Asie et d'Amérique latine, une grande partie des ordures est récupérée tout simplement parce que les gens sont très pauvres et que tout objet trouvé peut leur servir.

Les hommes, d'ailleurs, sont très imaginatifs pour reconvertir les ordures. Ainsi, en Afrique, on fabrique des porte-documents et des jouets à partir de boîtes de conserve. Les vieilles voitures sont systématiquement démontées, et presque toutes les pièces sont réutilisées. Les bidons vides permettent de conserver l'eau et la nourriture et, avec les restes des repas, on engraisse les porcs, les canards et les poules.

Les emballages consomment beaucoup d'énergie : la fabrication d'une seule boîte d'aluminium nécessite autant d'énergie que celle utilisée pour fabriquer 22 bouteilles à partir de verre récupéré.

Une montagne de verre

Dans les légendes, on parle souvent de montagnes de verre. Dans la réalité, il y en a aussi, malheureusement, qui proviennent des vieilles bouteilles. Par exemple, 6 milliards de bouteilles d'eau, de Coca-Cola, de bière et de vin sont vendues tous les ans en Grande-Bretagne, auxquelles s'ajoutent pots de confiture, bocaux de cornichons, etc. : 5 milliards de récipients au total, qui finissent aussi sur les dépôts d'ordures.

En Grande-Bretagne, on ne compte qu'un conteneur de récupération du verre pour 10 000 habitants, alors que, en Allemagne, en Suisse ou en France, on compte un réservoir pour 2 000 personnes, et, proportionnellement, davantage de vieux verres sont collectés. Mais il existe une meilleure solution : le verre consigné. Un flacon consigné et récupéré économise de la matière première et de l'énergie. On peut le réutiliser en moyenne 24 fois avant qu'il ne soit de nouveau fondu.

Quand on fabrique une bouteille à partir de verre récupéré, on utilise 43 % d'énergie en moins que lorsqu'on fait une bouteille nouvelle. Sans le recyclage du verre, la montagne d'ordures de l'Allemagne serait 10 % plus haute.

Quel destin pour les boîtes ?

Nous utilisons des métaux de toutes espèces, que nous jetons après emploi : boîtes de bière, de Coca-Cola, d'aliments pour animaux, de légumes… Les vieilles bicyclettes, les couvercles de pots de yaourt, les feuilles d'aluminium, les clous, les outils, etc., finissent aux ordures, tous ces objets étant composés de fer-blanc, d'acier, ou d'aluminium.

On peut organiser une récupération judicieuse en séparant puis en rassemblant ces métaux par espèce : le fer avec le fer, l'acier avec l'acier. On récupère, par exemple, un bon tiers de l'aluminium, que l'on sépare du fer grâce à un aimant, qui attire le fer mais non l'aluminium. Actuellement, les industries du verre et de l'aluminium sont celles qui récupèrent le plus volontiers les matières premières en vue d'un nouveau cycle de production.

Dans le tiers-monde chaque clou tordu est redressé.

Les Britanniques jettent chaque année 3,2 milliards de boîtes de conserve.

Le papier détruit les forêts

Le papier a été très utilisé à partir du début du XIXe siècle, époque à laquelle on passe à sa fabrication industrielle à partir de la pâte de bois. La consommation de papier est depuis lors en augmentation constante. Il n'y a jamais eu autant de journaux, de brochures, de livres, d'affiches et de photocopies que de nos jours. On retrouve également le papier dans les emballages, dans les toilettes et dans la cuisine. Chaque Américain utilise 300 kg de papier par an. Chaque habitant d'Europe en fait à peu près la même consommation, ce qui représente 13 millions de tonnes pour l'ensemble des Français et 7,7 millions de tonnes pour les Britanniques.

L'industrie du papier consomme d'importantes quantités de bois.

La fabrication du papier engendre beaucoup trop de déchets :

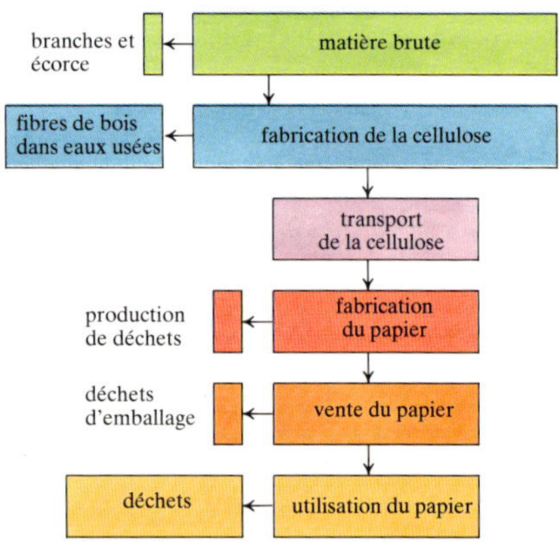

Tant de forêts sacrifiées pour la pâte à papier
des milliards de journaux attirant annuellement l'attention des lecteurs
sur les dangers du déboisement des bois et des forêts.

Jacques Prévert

Il faut pourtant savoir qu'on utilise 2 tonnes de bois pour faire 1 tonne de papier. De gigantesques forêts sont ainsi sacrifiées pour nos besoins en papier, qui ne sert souvent qu'une fois. Or, la moitié seulement du bois donne de la cellulose, la matière de base du papier, le reste partant avec les produits chimiques comme le sulfite et le chlore (utilisé comme décolorant) dans l'eau nécessaire à la fabrication. Aujourd'hui, la pollution de l'eau est due, dans une proportion de 10 à 20 %, à la fabrication du papier. Jusqu'au début de ce siècle, on utilisait, pour le blanchiment du papier, le mercure, un métal lourd très nocif, qui se répandait dans les cours d'eau. À présent, les usines lui préfèrent le chlore et filtrent les eaux usées de telle sorte qu'une petite partie seulement des déchets (environ 10 %) est rejetée dans les fleuves.

On peut fabriquer du papier à partir de vieux papiers. On utilise dans ce cas 90 % d'eau en moins, la moitié d'énergie et pas un seul arbre. Celui qui ramasse les vieux papiers et les porte à un dépôt central fait œuvre utile, celui qui consomme le moins possible de papier fait encore mieux.

400 kilos de bois et 73 000 litres d'eau sont nécessaires pour fabriquer 200 kilos de papier. Avec cette quantité d'eau, on fait tourner une machine à laver pendant quatre ans.

Vêtements à jeter

On peut faire beaucoup de choses avec de vieilles étoffes colorées.

Chaque année, une nouvelle mode pour les chaussures !

On n'a jamais autant acheté de robes, de tee-shirts, de jeans, de costumes et de manteaux qu'aujourd'hui. L'habillement tient une place importante dans notre consommation. Chaque année, une nouvelle coupe, une nouvelle couleur à la mode incitent le client à un nouvel achat. Ce que l'on appelle les textiles englobe également les rideaux, les serviettes, les draps, les tapis, les chiffons, etc. Une partie de ces textiles est produite à partir d'un dérivé du pétrole brut : c'est pour cela que, lorsqu'on les repasse ou qu'on les brûle, on sent une odeur désagréable due aux vapeurs qui s'en dégagent. Les étoffes naturelles, comme le coton ou la laine, sont par contre inoffensives, même si elles participent aussi à la constitution des montagnes d'ordures. Il y a de nombreuses façons d'économiser ou de récupérer les textiles : on peut acheter moins de vêtements, utiliser tous les textiles plus longtemps, ou les donner à des associations de bienfaisance, qui s'occuperont de les trier. Les bonnes pièces sont données à des personnes trop pauvres pour en acheter, et les moins bonnes, une fois déchiquetées et compressées, sont réutilisées comme matière première.

Déchets organiques

Environ 40 % des ordures ménagères sont constituées de déchets organiques : restes de légumes, de fruits, de thé, de café, coquilles d'œuf… Or, dans la nature, ces déchets ne sont jamais perdus, ils pourrissent et grâce au travail des micro-organismes, deviennent un aliment de base pour les plantes. Ainsi, dans l'agriculture, ce recyclage permanent est mis à profit : les déchets organiques, étendus sur le sol, se transforment lentement en compost, une nourriture qui enrichit la terre.

Mais, dans les villes, nous gaspillons ces précieuses ordures, car il y a peu de jardins. Cependant, les choses évoluent : dans certaines villes, des bacs sont mis en place pour recueillir les déchets de cuisine. Leur contenu est acheminé vers des usines équipées pour produire de l'humus.

Boîte à vers à placer sur son balcon. La pluie et les vers transformeront vos déchets de cuisine en compost.

Les arbres produisent eux-mêmes une partie de leur nourriture, par la décomposition de leurs feuilles.

Bac à compost : les déchets organiques deviennent de la terre fertile grâce à l'action de micro-organismes et des vers.

Un monde de plastique

Mouette ligotée par du plastique. Ces serpentins de plastique sont de véritables pièges. Les oiseaux sont les principales victimes de notre négligence.

Les matières de synthèse, ou plastiques, prolifèrent dans notre monde moderne. C'est seulement dans les cinquante dernières années qu'elles ont remplacé le bois, le verre et le métal. Ces plastiques sont des dérivés du pétrole, du bois, du gaz ou du caoutchouc.

Aujourd'hui, nous trouvons partout ces matières plastiques : jouets, emballages, téléviseurs, ordinateurs, dallages, brosses à dents, arrosoirs, seaux, récipients, pots de yaourt, stylos, etc. Nous pourrions continuer cette liste indéfiniment, car notre société devient la société du plastique. Chaque année, plus de 6 millions de tonnes de plastique sont produites en France.

Aux États-Unis, près de 60 millions de tonnes d'objets plastiques, un jour ou l'autre, finissent aux ordures. Or, quand du plastique aboutit sur un tas d'ordure, il y reste pour l'éternité : il ne pourrit pas, il ne se décompose pas et

Ô temps, suspends ton bol, ô matière plastique
D'où viens-tu ? Qui es-tu ? et qu'est-ce qui explique
Tes rares qualités ? De quoi donc es-tu fait ?
Raymond Queneau

n'est pas mangé par les bactéries. Seul espoir : il se décomposera peut-être sous l'action de la lumière du soleil.

Beaucoup de déchets de plastique finissent dans les incinérateurs, dans lesquels ils provoquent de fortes hausses de la température. Leur combustion pose des problèmes. Le PVC (chlorure de polyvinyle) est une variété de plastique très répandue : son constituant de base est le très toxique chlorure de vinyle qui peut produire des altérations de la peau, des dommages aux os et donner le cancer du foie. Les jouets et les emballages souples, qui contiennent tous du PVC, peuvent altérer notre santé. Le PVC, en brûlant, dégage des gaz toxiques, comme l'acide chlorhydrique, qui attaquent les voies respiratoires. De la dioxine peut également se former lors de sa combustion. C'est pourquoi il est une des causes principales de la teneur importante de dioxine dans l'air et dans le sol au voisinage des installations d'incinération.

Des dizaines de milliards de yaourts sont consommés chaque année dans les pays européens.

Les bords de mer sont aujourd'hui envahis par le plastique et les flaques de pétrole. Dans beaucoup de pays, on rejette toujours des ordures en mer. En effet, les équipages des bateaux continuent de rejeter leurs détritus par-dessus bord bien que cela soit interdit.

Que pouvons-nous faire ?

Et nous voici
inquiets
en face de nos machines
de nos outils
de nos calculs
de nos projets…

Georges Linze

Nous avons expliqué, dans ce livre, ce qu'il ne fallait pas faire en matière de déchets. Résumons maintenant ce qu'il faut faire pour limiter la quantité d'ordures et favoriser la récupération.

– Collecte papiers et cartons et mets-les dans les conteneurs de récupération. Économise le papier.

– Ne jette pas le verre et mets les bouteilles dans les bacs spéciaux de récupération. Achète le plus souvent possible des verres consignés.

– Achète des boissons dans des bouteilles de verre plutôt qu'en boîte.

– Achète moins d'objets en plastique.

– Fais tes achats avec un sac ou un panier et refuse les sacs de plastique.

– Renseigne-toi à la mairie ou auprès des services de l'environnement sur les possibilités de recyclage.

Que veux-tu ? Mon bien.
Que dois-tu ? Savoir,
Prévoir et pouvoir.

Paul Valéry

– Ne jette pas les piles électriques dans la poubelle. Trouve les endroits où tu peux les déposer (magasins d'électricité, centres commerciaux, écoles, etc.).

– Collecte les récipients de peinture, de produits de protection du bois, de diluants, les bombes insecticides, les vieux médicaments et dépose-les dans les conteneurs pour produits toxiques. Ne verse jamais de produits chimiques, de pétrole ou de vernis dans les éviers.

– Les vieux vêtements encore mettables peuvent être donnés aux associations de charité ou vendus aux puces.

– Quand un jardin dispose d'un bac à humus, va y déposer les restes de légumes et de fruits.

– Quand tes parents désirent t'acheter un nouveau meuble, demande un meuble en bois.

– Ne jette pas, mais donne ou revends tes anciens jouets.

Si nous ne dormons pas
c'est pour guetter
l'aurore
Qui prouvera qu'enfin
nous vivons au présent.

Robert Desnos

Index

Table des matières

RÉFÉRENCES DES CITATIONS

6. Juvénal, *Satires*, trad. P. de Labriolle et F. Villeneuve, Les Belles Lettres, 1971 **15.** cité dans R. Flacelière, *la Vie quotidienne en Grèce au siècle de Périclès*, Hachette, 1959 **17.** cité dans H. Maneglier, *Histoire de l'eau*, François Bourin, 1991 **26.** William Blake, *Poèmes*, trad. M.-L. Cazamian, Aubier-Flammarion, 1968 **27.** Charles Baudelaire, « Les Petites vieilles », Les Fleurs du Mal ; Émile Verhaeren, « L'effort », *La Multiple splendeur* **35/65/69.** Jacques Prévert, « Évènements », *Paroles*, Gallimard, 1972 Jacques Prévert, « Je vous salis ma rue », *Fatras*, Gallimard, 1966 et « Tant de forêts… », *La pluie et le beau temps*, Gallimard, 1955 **39/73.** Raymond Queneau, « Troisième Chant », *Petite cosmogonie portative*, Gallimard, 1969, *Le Chant du Styrène*, Gallimard, 1969 **43.** Jules Romains « L'Incendie », *Maisons*, Flammarion, 1967 **45.** Cesare Pavese « Oisiveté », *Travailler fatigue*, trad. G. de Van, Gallimard, 1969 **47.** Union Internationale pour la Conservation de la Nature et de ses ressources, *Stratégie mondiale de la conservation*, 1980 **48.** René Char, « La Sorgue », *Fureur et mystère*, Gallimard, 1948 **51.** Jules Supervielle, « Naufrage », *Les Amis inconnus*, Gallimard, 1934 **63.** Bernard Lorraine, « Centrales nucléaires », *La France des enfants*, Bernard Lorraine, 1982 **74.** Georges Linze « Poème de l'inquiétude et de la victoire », *Poème de l'étrange prison*, Anthologie, 1970 **75.** Robert Desnos, « Demain », *État de veille*, 1943 Éd R. Godet, Gallimard ; Paul Valéry, « Chanson à part », *Poésies*